Colección Poesía XXI

# ANIMALERO VELEIDOSO
## SONETOS

ediciones
cinca

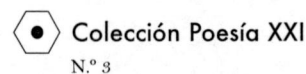

Colección Poesía XXI
N.º 3

1.ª edición: octubre 2025

© DEL TEXTO: Luis Enrique de la Villa Gil

© DE ESTA EDICIÓN: Ediciones Cinca, S.A.

Reservados todos los derechos.

DISEÑO DE LA COLECCIÓN:
Juan Vidaurre

PRODUCCIÓN EDITORIAL,
COORDINACIÓN TÉCNICA
E IMPRESIÓN:
Grupo Editorial Cinca
c/ General Ibáñez Íbero, 5A
28003 Madrid
Tel.: 91 553 22 72.
grupoeditorial@edicionescinca.com
www.edicionescinca.com

DEPÓSITO LEGAL: M-21828-2025
ISBN: 978-84-10167-71-1

# Luis Enrique de la Villa Gil

## ANIMALERO VELEIDOSO

## SONETOS

ediciones
cinca

# ÍNDICE

# DEDICATORIA

A ARISTÓTELES (Ἀριστοτέλης)
Estagira, 384-Calcis, 322 a.C.
Homenaje a su obra
*Historia de los Animales* o *Investigaciones sobre los
Animales* (Περὶ Τὰ Ζῷα Ἱστορίαι), c. 343 a.C.

# AL LECTOR

No todo lo afirmado es verdadero,
la ignorancia atrevida siempre asoma
como bien acredita la paloma
con su comportamiento pendenciero.
Convierte los parques en picadero,
sus heces actúan como carcoma
de los muebles urbanos, ¡vaya broma!,
y hace de la belleza estercolero.
Incomoda el silencio con su arrullo,
excrementa los bancos a barullo
e invade la ciudad en comandita.
¡Ah paloma!, runflante y zalamera,
simbolizas la paz y eres cainita,
divorcista, rijosa y rabanera.

LEV, 2019/2025

# -I-
# ABEJA

Es la abeja himenóptero currante,
a veces temida y siempre cimera
por su miel, jalea, polen y cera,
una oferta variada y abundante.
La colmena es sindicato oscilante
que permite atropellos a la obrera
y al zángano meditar la manera
de gozar a la reina en un instante.
Exigente la reina en el envite
el galán agraciado besa el suelo,
tocado por amor en un suspiro.
Verá que la explosión no se repite,
su escopeta dispara un solo tiro
y no puede gustar más caramelo.

# -II-
# ÁGUILA

Ave de presa, ya esposo o esposa
no surca el viento nadie parecido,
de abajo arriba o del cielo caído,
pájaro, ovni, avión, drones u otra cosa.
En el aire, agua y tierra es una diosa,
con pico y garras de arrabio fundido
cualquier animal quedará partido,
conejo, pez o urraca temerosa.
Su vista prodigiosa, algo sabido,
a largas distancias es favorita,
y el hombre en los negocios imbatido
perderá seguro cuando compita.
Fue el emblema de la Roma guerrera
y habitó en controvertida bandera.

# -III-
# ALMEJA

Este molusco bivalvo y mohíno
favorece encumbradas emociones
incapaz de provocar obsesiones
paladeado con debido tino.
Con el arrós del edén levantino
ofrece celestiales sensaciones,
multiplicadas en las ocasiones
que se añade al astur guiso marino.
Y será pertinente descartar
sorberlo localmente, sin respetar
medidas preventivas. Necesario
impedir la pasión en el consumo,
y aminorar el uso atrabiliario
de la carne del mar y de su zumo.

# -IV-
# ARAÑA

Cuarenta mil especies hay de arañas,
diversos tipos, pelaje y veneno,
siempre ocho patas, y por ver lo ajeno
bien, otros tantos ojos sin pestañas.
La mayoría teje telarañas
para cazar las presas del terreno,
con garantía de alcanzar un pleno
si al paso usan ponzoñas como mañas.
Letales, Viuda Negra, Bananera,
perversa Tarántula, cuya fama
fue inspirar la napolitana danza
dicha tarantela, como esperanza
de único antídoto contra la fiera,
¡tránsito de tragedia a melodrama!

# -V-
# BACALAO

Bacalao ¿es pescao o es pescado?
y decir bacalado no es mortal
pecado, es un remilgo garrafal
inimaginable en el bien hablado.
Un pez del atlántico valorado,
ya extraído del agua, al natural,
o después del tratamiento industrial
en salazón, como el peje salado.
Versátil en fogones por sus mil
recetas, queda exquisito al pil-pil
trabado con buena mano o *dourado*
a la portuguesa. A la vizcaína
necesita el pimiento colorado,
hacerse a fuego lento y sin espina.

# -VI-
# BALLENA

A su lado el paquidermo es pigmeo,
sea su trompa o cuerno el más gigante,
que si en tierra son un dúo imperante
comparados termina su apogeo.
La ballena fue blanco del saqueo
salvaje del osado navegante,
seguidor del resoplido humeante
para prender el grasiento trofeo.
Abortada, al fin, la caza inclemente,
de los Ahab vedada la fiereza,
se mueve por los mares libremente
recompuesta su asediada grandeza.
¡Oh admirable ballena vaporosa,
pasmo de Poseidón, gorda aceitosa!

# -VII-
# BESUGO

Mal suplido por pargo y breca, célebre
por su carne blanca, compacta y prieta,
el coste diamantino de la dieta
propicia el timo del gato por liebre.
No habrá presupuesto que no se quiebre
para hornearlo lento en cazoleta,
limón en seis cortes, ¡vaya receta!,
una delicada labor de orfebre.
Nombre igual a capullo y mentecato
no escatima valor a su excelencia
y tiene asegurada su presencia
-coincidentemente y en triunvirato-
con Árbol y Portal, ¡menudo ornato!
Y quizá, estar sentado y en el plato.

# -VIII-
# BÚHO

Es ave estrigiforme, con certeza
dotada para la sabiduría,
y así ejemplifica la alegoría
de la diosa Atenea con firmeza.
Atiende la enseñanza con presteza,
ya sea ortodoxa, ya sea impía,
y el mal profesor rebosa alegría
por verse oído con tanta fijeza.
Cual el hombre, el búho marca los grados,
frente al rango común perseverante
descuella el Bubo-Bubo presumido
de ser rey, y del poder ejercido
sobre ratones, topos y allegados,
¡la rapaz de terciopelo imperante!

# -IX-
# CABALLITO DE MAR

Pausado milagrero fue Isidoro
de Sevilla, un sabio del santoral.
Su *Etimología* alcanzó honor tal
que trató de los peces sin desdoro.
Hipocampo, vocablo bien sonoro,
bautizó al residente en el coral,
cara de caballo, alma angelical,
prodigio del mar y, a la vez, tesoro.
Como parir se juzga fatigoso
el macho servicial suple a su esposa
con su bolsa ventral a lo canguro.
Y asegura a la cría primorosa
cambios de color, de claro a oscuro,
por burlar al depredador fogoso.

# -X-
# CARACOL

La inquietante cuestión de la vivienda
la salva el caracol de agua o de tierra,
y para tal necesidad se encierra
en su concha espiral, que no se arrienda.
Si pintan bastos en cualquier calenda
el opérculo blinda y nunca yerra,
pues el inquilino sabe, y se aferra,
a invernar lo que dure la contienda.
Y además es molusco hermafrodita
con vagina y pene de toma y daca,
administrados siempre con aplomo
desechando el estilo Juan Palomo.
Fundamental, por tanto, la visita
de otro gastrópodo con alharaca.

# -XI-
# CEBRA

Équido afamado por su pijama
ondulado sin compás, predispuesto
a la coz y a la galopada presto,
pues no ser menú es su único programa.
Ama a su igual, pero al caballo llama
y nace el cebrallo, un híbrido honesto.
Y cuando con el burro se hace el resto
sale el cebrasno, de talla mediana.
Se libra del felino a la carrera
aunque a veces se sale del tropel
y la correría se dramatiza.
Y cuando el cadáver queda hecho triza
comienza otro banquete en la pradera,
buitres, cuervos y hienas de saña cruel.

# -XII-
# CERDO

O guarro, o cochino, o puerco o marrano
¡que insultos para un milagro viviente!,
todo en él alimenta y es la fuente
de la felicidad del ser humano.
Si es de bellota, un goce soberano
y el tocino mantiene al indigente.
La escala de mil precios, aliciente
de quien no pueda estirar más la mano.
Desde luego no merece morir
con alevosía, ni convertir
su matanza en espectáculo fiero.
Monumento nacional yo le quiero,
y le propongo para alta tribuna,
pues siendo gorrino evita la hambruna.

# -XIII-
# COCODRILO

Cocodrilo, reptil, saurio asesino,
de los Ñus emigrantes en la data
de cruzar Mara y Grumeti en reata,
tiñéndolos con sangre de bovino.
De todas las aguas un mal vecino,
semiacuático dicen con errata,
pues si cruza océanos, cual fragata,
¡el nombre debe ser ultramarino!
El Golem, la maravilla borgiana,
hace al Nilo arquetipo de los ríos,
del cual queda investido soberano
sin que nadie provoque desafíos.
En cuanto a su piel, otrora sultana,
hoy se imita de modo chabacano.

# -XIV-
# CONEJO

Este gris y agazapado bichejo
-que ama en voltereta con alegría-
es apreciado en la peletería
y un Don Juan en permanente cortejo.
Lo atrapan desde joven y hasta viejo
los depredadores en demasía,
y es víctima buscada en cacería
por su carne montuna y su pellejo.
Al ser totalmente vegetariano
degusta fogoso la zanahoria,
tubérculo rosado y cotidiano.
Y cuando en la mesa llega servido
suministra la perseguida gloria
a ese, este y aquel trémulo sentido.

# -XV-
# CUCO

El Cuco, llamado así por su canto,
cu-cú, no por ser un pájaro pillo,
aunque también se le llama Cuclillo,
¡la onomatopeya triunfa por tanto!
Se trata de un pajarraco -adelanto-
astuto y golfo, que de tapadillo
pone sus huevos en otro banquillo
para que los empolle un ave abanto,
turbada por la treta deshonesta
del llamado 'parásito de puesta.'
Evoca a los zutanos torticeros
que enchufan numerales a seis ceros,
y engañan al votante y al partido
colocando los tales en su nido.

# -XVI-
# ESCORPIÓN

Artrópodo arácnido de aguijón
tan depredador como depredado
según la natura tiene ordenado,
comer y ser comido es su función.
Con aquellos que vence es bravucón
mas de Suricatas huye asustado,
famoso por el Zodiaco nombrado
y antes aún por la Constelación.
Cuando copula se marca un can-cán,
—*promenade à deux,* dice el francés—
sin veneno, pues este arpón no mata
sino que cura de manera grata
por medio de inyección del alacrán
a su esposa, colocado en su envés.

# -XVII-
# GALLO

Despierta con su roja barretina
y empieza a alertar al vecindario,
agrupa a sus gallinas, propietario
de sus encantos y de su rutina.
Sin dejarse ni una, con disciplina,
les inyecta -conspicuo sanitario-
una dosis de amor hospitalario,
prestándoles la mejor medicina.
Convencido musulmán, acrecido
por tamaño remedio milagroso,
se absuelve de cumplir el Ramadán
y gasta su manantial, obtenido
el doctorado en semental, imán
del harén siempre acechante y celoso.

# -XVIII-
# GATO

Le repele apellidarse minino,
campeón de cualquier atolladero
y asesino de ratones certero,
el más independiente ser felino.
Micifuz de mil casas inquilino,
unas veces traidor y marrullero,
otras ñoño, mimoso y zalamero,
a tenor de su antojo repentino.
Se lava sin jabón y luce pulcro,
se opone fieramente a ser domado,
derrocha mal contadas siete vidas
que retrasan su entrada en el sepulcro.
Su patria preferida es el tejado
donde busca pasiones encendidas.

# -XIX-
# GORRIÓN

Esa persona gris, que en el otoño
arrastra las hojas cuando pasea,
tras ave-crem y huevo frito sestea
soportando un telediario gazmoño.
El gorrión vulgar, siendo aún bisoño
se las ha de buscar en dónde sea
y su alimento diario fantasea
con mil restos limpios o con reboño.
El gorrión no será nunca canario
ni aquel quídam alternará en Marbella.
Vaya cierta e injusta afinidad
privada de remedio fiduciario,
de ese *make yourself* que tanto destella
y del mismo derecho a la igualdad.

# -XX-
# HIENA

Un animal de malísima fama
con dentición que troncha el universo,
y sus actos en prosa, nunca en verso,
ayudan a dilucidar el drama.
El matriarcado domina en la cama
familiar, la hembra alfa no tiene anverso
y usa horca y cuchillo, medio perverso
de mantenerse de primera dama.
No es del todo ni cánida ni félida,
come carroña de la caza ajena
y le planta la cara al rey león,
al que hace correr con mirada gélida.
Y al privarle de su sabrosa cena
suelta su risa por el atracón.

# -XXI-
# HORMIGA

Un insecto viejo y no envejecido,
con cien millones de años en la chepa,
y en la sabana, pradera y estepa
líder del fáunico establecido.
Cuánto intelectual bien reconocido
existirá en el mundo, que no sepa,
que hay miles de especies, esa que trepa,
nada, anda o vuela, según cometido.
El hormiguero arte es de arquitectura,
un hogar, almacén, tumba, criadero
y admirable reparto de los roles:
soldados, expertas en mordedura,
obreras, con jornada entre dos soles
y reina, con el poder cuartelero.

# -XXII-
# LORO

El individuo que llamamos loro,
sonoro, maleducado y parlero,
sabe tanto latín que es altanero
y hasta un ave sin el menor decoro.
Hay loro americano y loro moro,
cualquiera de los dos, gran pregonero
de cuantos tacos e insultos al clero
le proporcionan siempre un gran aforo.
También es parlanchina la cotorra
crestada y amiga de armar camorra,
de oro el plumaje, cual el papagayo
y su primo, el colorín guacamayo.
Mas todos juzgan infame la idea
de igualar el loro a la gente fea.

# -XXIII-
# MANTIS RELIGIOSA

Es la postura orante de sus patas
de delante, la razón de apelar
religiosa a la que, para cenar,
devora a quien la matrimonia a gatas.
Y no es que se trate de hembras cegatas
pues cinco ojos tienen para observar
que el esposo se proponía amar
con visible pasión, sin pataratas.
Ejerce el canibalismo de sexo,
igual que la viuda negra, la araña
tigre, la alacrana y la escarabaja.
Malhadado, nada infrecuente nexo
con la persona, nacida alimaña,
que, sin comerla, otra vida desgaja.

# -XXIV-
# MOSCA

Este díptero raudo y puñetero,
renacido de pronto en primavera,
mútase en asquerosa pejiguera
cuando hace de tu sopa bebedero.
Troca la mosca el hueco en burladero,
aplastarla en la mano da dentera
y la pericia para echarla afuera
se convierte en hazaña de cetrero.
Hosco volador, que arruina la fiesta
de quién vela o cabecea en la siesta,
mosca fosca que joroba doquiera
se pose, o siga planeando en vuelo
sin dejar a quien la sufre consuelo:
¡indestructible mosca cojonera!

# -XXV-
# MURCIÉLAGO

Mamífero con alas en las manos
media vida pasa cabeza abajo
y el resto en el aire, con desparpajo,
igual que los pajarillos urbanos.
Completa sus deberes cotidianos
de experto plaguicida con trabajo,
silente cual campana sin badajo
engulle toneladas de gusanos.
Llamado *Rapenat*, también *Murcego*,
frente al *Zorro Volador Filipino*,
el *Moscardón* es mil veces menor.
Más reluce el *Vampiro*, seguidor
de Vlad Drakul, rumano palaciego
chupa sangres, colmillo damasquino.

# -XXVI-
# ORNITORRINCO

De las cosas raras del mundo entero,
de aquello que sea extraordinario,
de lo que es tierra seca y es acuario,
este tal ornitorrinco es cimero.
Cloaca de gallina es su agujero,
carnívoro, guloso, solitario,
ovíparo, polígamo, plagiario,
un modelo de babel hechicero.
Mamífero que cría sin pezones,
en el pico de pato usa un radar
y duerme el veneno en sus espolones.
Cuerpo de nutria y cola de castor,
todo un sobresaliente nadador.
¡No existe especie animal similar!

# -XXVII-
# PERCEBE

Cual el desahogado que se adosa
sin haber sido invitado a la boda,
el viejo crustáceo se acomoda
en concha, barco o ballena orgullosa.
O, si hay a mano, roca poderosa
en la que el percebe discurre toda
la vida, si ningún ser le incomoda
y otro percebe le presta su cosa.
Hermafrodita que no se auto jode
ha de modelar un dúo virtuoso
que a cada uno de ellos reacomode.
Bicho insólito del reino animal,
reverso del humano lujurioso
que monta por vicio la bacanal.

# -XXVIII-
# PERRO

Solamente esta especie de los canes
cuenta razas de muy distinto peso,
sin alterar un solo órgano o hueso
luce mil formas, pelambre y afanes.
El perro es el amigo que tú ganes,
maravilloso animal, embeleso
inteligente y fiel sin retroceso,
dándote su vida para que le ames.
Él te querrá siempre, más que tu hermano,
sin exigir al paso tu largueza,
solo exige que te muestres cercano.
Golpea el dolor, hiere la tristeza
la muerte del fraterno perro anciano.
¡Culpa es que nombre un baile tan marrano!

# -XXIX-
# RANA

Batracio verdoso de pesadilla
su ronco croar arruina la fiesta,
pero tal extravagancia funesta
la salva con obsequios en gavilla.
Las ancas asadas son maravilla,
detecta el embarazo sin protesta
y su juego a meterla es una gesta
cuando entra la chapa por la boquilla.
Marca al político que pone el cazo
y al buzo que nada con aletazo.
Su pariente fuerte se llama sapo,
mas ella es argumento en poesía
desde que Bashō en Japón, aquel día,
compuso el llamado haiku y se hizo el capo.

# -XXX-
## SERPIENTE

La serpiente en el Jardín del Edén
montó un pifostio de campeonato,
alborotó al padre Adán, un pazguato
disfrutón con madre Eva al tutiplén.
Decretada la pena en un amén,
se dio paso al trabajo sin contrato
y al parto sangriento del aparato
genital de las mujeres, también.
La serpiente ha de arrastrarse sin pies
pero lo lleva al fin sin pataleta,
porque te inyecta el veneno o te aprieta
y te remite a la tumba después.
Se dice que algunas son bondadosas,
pero a ver quién se fía de esas cosas.

## -XXXI-
## TORO

Si es carnicería o la mayor fiesta
artística de todo el universo,
un debate eterno, en prosa y en verso,
con miles de opiniones en la cesta.
Son el toro y los toreros, la apuesta
de las vidas o las muertes, reverso
que roba sangre de hontanar diverso
en la colorista y trágica gesta.
Los animalistas quieren que el toro
paste apacible en la verde dehesa
sin que aparezca nunca por la plaza.
Esa fantasía siempre embelesa
cuando se trata de esta bella raza.
¡Solo hay que encontrar a quien ponga el oro!

# -XXXII-
# TORTUGA

Desde el triásico, y en cualquier biotopo,
no obtuvo fama por la antigüedad
ni menos por su gran longevidad,
sino por el texto agonal de Esopo.
El fabulista dedicó un piropo
a los quelonios en su variedad,
al de caparazón gris, sin beldad,
y al de concha arco iris, cual heliotropo.
Despreció el universal moralista
el don natural que hereda la liebre,
ancilar del esfuerzo convencido.
Pero, a decir verdad, el velocista
gana, ciento de cien, el recorrido
de cualquier carrera que se celebre.

# -XXXIII-
# VENADO

¡Distinto es el astado que el vecino!
Un cuerno en invierno crece al venado
en su testuz, apenas alarmado
empero por tal signo adulterino,
pues sabe que es absurdo desatino
sospechar de las hembras, afirmado
en su poder, tenorio disfrazado,
vencedor del combate septembrino.
El vecino no exhibe cornamenta
visible, mas su pareja es coqueta
y le adorna con enorme osamenta.
El cornudo consuela su rabieta
mascullando que su afrenta es discreta
¡El venado es quien muestra la etiqueta!

# -XXXIV-
## VISÓN

Mustélido feroz, de piel sedosa
convertida por lujo en un abrigo,
permuta que al que compra importa un higo
y que el animalista juzga odiosa.
Condenar el maltrato es buena cosa
y otra ver al granjero de enemigo,
asaltando con violencia el postigo
de la jaula, donde el visón reposa.
Suelto por los campos, a su albedrío,
es de infecciones un potente foco,
mata cuanto pilla con poderío,
conejos, pollos, patos como un loco.
De momento la moda salva el lío
porque aquella prenda, hoy, se luce poco.

# -XXXV-
# ZORRA

Suele afirmarse que el zorro es un zorro,
es decir, un animal muy ladino,
con el a, de, ene de todo vulpino,
quede dicho con literal ahorro.
¿Será zorra la zorra?, vaya engorro
entrar en ese espacio clandestino
tan ajeno a cualquier otro canino
o subespecie de parejo corro.
El que la zorra sea siempre astuta
no supone a la vez ser disoluta,
pues comprobado está que la raposa
se comporta como una fiel esposa.
Un animal de pelaje diverso
según la latitud del universo.

Este libro se imprimió en Madrid el 20 de octubre de 2025, día en el que se cumplió el 171 aniversario del nacimiento en Charleville del Poeta ARTHUR RIMBAUD

*... le rossignol aux bois et l'amour dans les coeurs!*